LE
RENTIER CONVERTI,

OU

Réflexions propres à fixer la détermination des Rentiers sur le parti à prendre et les formalités à remplir en exécution de la loi du 1er. mai 1825, relative à la dette publique et à l'amortissement;

SUIVIES

Du texte de cette loi, de celui de l'ordonnance du Roi, en date du 1er. mai 1825, qui règle le mode de son exécution, et du modèle des demandes à former par les rentiers.

PRIX : 1 fr. 25 c.

SE TROUVE A PARIS,

RUE DE LA LIMACE, No. 22, AU 3me.;
CHEZ DELAFOREST, LIBRAIRE, RUE DES FILLES-SAINT-THOMAS, No. 7;
ET CHEZ TOUS LES MARCHANDS DE NOUVEAUTÉS.

1825.

LE
RENTIER CONVERTI,

OU

RÉFLEXIONS

PROPRES A FIXER LA DÉTERMINATION DES RENTIERS

SUR

LE PARTI A PRENDRE ET LES FORMALITÉS A REMPLIR EN EXÉCUTION DE LA LOI DU 1er. MAI 1825, RELATIVE A LA DETTE PUBLIQUE ET A L'AMORTISSEMENT;

SUIVIES

DU TEXTE DE CETTE LOI, DE CELUI DE L'ORDONNANCE DU ROI EN DATE DU 1er. MAI 1825, QUI RÈGLE LE MODE DE SON EXÉCUTION, ET DU MODÈLE DES DEMANDES A FORMER PAR LES RENTIERS.

PAR M. L. D. S......

A PARIS,

DE L'IMPRIMERIE ANTHELME BOUCHER,

RUE DES BONS-ENFANS, N°. 34.

1825.

LE RENTIER.

La loi du 1er. mai 1825 étant rendue, je n'ai point à examiner ses motifs, ni les objections dont ses dispositions ont paru susceptibles lors de sa discussion ; il me suffit d'apprécier les diverses situations dans lesquelles elle offre aux rentiers de se placer.

La première, indiquée par l'art. 7, ne change rien à leur position actuelle ; ils n'ont rien à déclarer ni à demander ; ils n'ont aucune formalité à remplir ; ils conservent leurs inscriptions telles qu'elles sont, et ils continueront à recevoir, à l'expiration de chaque semestre, les 21 mars et 21 septembre de chaque année, la moitié des sommes qui y sont portées. (Art. 7 de l'ordonnance du 1er mai 1825.)

Cette situation est certainement la plus avantageuse, si je ne considère que l'utilité ou la nécessité de conserver entièrement mon revenu ; mais il a été reconnu implicitement, en principe, (art. 4 de la loi), que l'état avait le droit de rembourser, lorsqu'il le voudrait, au rentier, le capital de l'inscription , c'est-à-dire, une somme de cent francs pour chaque portion de cinq francs de rente, et, par ce moyen, de s'en affranchir.

Si le gouvernement usait de cette faculté à mon égard, je recevrais pour l'extinction de la rente dont je jouis, une somme égale à vingt fois celle

qui m'est payée chaque année, en deux portions,
tous les six mois, et je me verrais forcé de cher-
cher les moyens de me procurer un nouveau placement de fonds produisant un intérêt de cinq
pour cent, sans aucunes charges, sans embarras,
et payés exactement à jours fixes.

Où trouverais-je ce placement avec les mêmes
garanties que celles que me présente l'état ?..... Il
est donc de mon intérêt de faire ensorte de conserver pour débiteur celui que j'ai actuellement,
en faisant même, s'il est nécessaire, le sacrifice
d'une partie de mon revenu.

L'art. 4 de la loi du 1er. mai 1825, m'offre deux
voies qui conduisent à ce but.

La première (et c'est la deuxième situation dans
laquelle je puis me placer) résulte de la faculté
qui m'est accordée de requérir du Ministre des
finances la conversion de ma rente cinq pour cent
consolidés, en une nouvelle inscription de quatre
et demi pour cent au pair, c'est-à-dire, de demander que la somme énoncée dans l'inscription
dont je suis porteur, soit diminuée d'un dixième.
Au lieu de continuer alors à recevoir chaque année
cent francs montant de mon inscription, je n'aurai plus droit, aux termes de la nouvelle inscription
qui me sera délivrée, qu'aux neuf dixièmes de ma
rente convertie; savoir : quatre-vingt-dix francs.

J'obtiendrai, pour prix de ce sacrifice, la garantie que me donne le même article 4 de la loi,

de ne pas être remboursé du capital de ma rente ainsi réduite, avant le 22 septembre 1835.

Dans cette position, je serai certain de ne point être exposé, pendant dix ans, aux inconvéniens et aux embarras d'un nouveau placement de ce capital.

D'ailleurs, je supposerai, pour motif de consolation de la perte réelle que je ferai du dixième des intérêts que j'ai reçus jusqu'à présent, que, par l'effet d'un nouveau système de finances, et par une loi spéciale, ces intérêts ont été assujettis à un impôt, ou plutôt à une retenue du dixième, et que cette espèce de biens assimilés maintenant aux propriétés foncières et intérêts des capitaux dus par des particuliers, a cessé d'être exempte de toutes contributions.

La troisième situation offerte par la loi, consiste dans la faculté qui m'est accordée (toujours art. 4), de requérir du Ministre des finances la conversion de mon inscription cinq pour cent consolidés, en une nouvelle inscription de rente à trois pour cent *au taux de 75 fr.*, c'est-à-dire, qu'après avoir fixé le capital de ma rente actuelle à vingt fois sa valeur nominale, on divisera ce capital par quart, et on me délivrera une inscription du montant d'un franc pour chaque portion de 25 fr. de ce capital ainsi divisé ; j'aurai, en résultat de cette opération, d'abord, trois francs de rente pour 75 fr. formant les trois quarts du capital de chaque partie de cinq francs de ma rente actuelle, et les vingt-cinq francs restant de ce même capital qui est de cent francs, me produiront encore un franc, ce qui portera à quatre francs de trois pour cent, mes cinq pour cent consolidés, après la conversion.

Cette disposition me fera éprouver une perte réelle du cinquième de ma rente actuelle; mais je ne serai plus exposé au remboursement du capital au taux de cent francs pour cinq francs de rente; et si l'état use plus tard du droit qu'il a de me rembourser, il sera tenu de me payer 133 fr. 33 cent. pour l'extinction de chacune des portions de quatre francs *trois pour cent*, qui composeront ma rente nouvelle; savoir : cent francs pour le capital inscrit à raison de 3 francs de rente, et le tiers de cent francs, 33 fr. 33 cent, pour la valeur du quatrième franc complétant les 4 francs.

J'aurai en outre l'espoir, si je me trouve obligé à vendre pour mes besoins, tout ou partie de mes trois pour cent, de profiter de la hausse de valeur que cette nouvelle espèce d'effets publics paraît devoir acquérir, tandis qu'il est à craindre que les rentes cinq pour cent, qui sont parvenues à un prix au-dessus du pair de leur capital de cent francs, et même les nouveaux quatre et demi pour cent, qui restent menacés, les premiers d'un remboursement prochain, et les seconds, d'un remboursement dans dix ans, ne vaillent pas plus de

100 à 106 fr., qui correspond à un cours· des trois pour cent d'environ 80 fr.

Cette stagnation dans le prix des rentes à cinq et à quatre et demi pour cent, doit, selon toute probabilité, être le résultat de l'art. 3 de la loi du 1er. mai 1825, qui ordonne qu'à dater de sa publication, les sommes affectées à l'amortissement ne pourront plus être employées au rachat des fonds publics dont le cours serait supérieur au pair.

Ces sommes seront donc appliquées exclusivement au rachat des trois pour cent et des quatre et demi pour cent, valant moins de cent francs, aussi long-temps que les cinq pour cent seront vendus plus de cent francs.

Il s'ensuit encore que les rentes à cinq pour cent ne laisseront plus à leurs propriétaires que la chance de la baisse sur la valeur du capital, lorsqu'au contraire, les rentes à trois pour cent pourront obtenir une hausse de prix depuis soixante-quinze jusqu'à cent francs, ce qui, pour 4 francs de rente obtenus par l'effet de la conversion, procurerait au propriétaire un capital de 100 à 133 fr. 33 cent. au lieu de 100 fr., somme que l'état peut lui rembourser quand il le jugera convenable.

Les délais fixés par la loi pour demander la conversion des cinq pour cent consolidés, soit en quatre et demi pour cent, soit en trois pour cent, sont fixés, à l'égard des quatre et demi, au 22 septembre

1825, et quant aux trois, au jour de l'expiration des trois mois qui suivront la publication de cette loi. (5 août 1825. Art. 6 de l'ordonnance du roi.) Il convient donc de me hâter de prendre un parti.

Après y avoir bien réfléchi, je crois devoir m'arrêter à celui de *demander la conversion de ma rente cinq pour cent consolidés en trois pour cent au taux de soixante-quinze francs.*

J'assurerai, par ce choix, ma tranquillité pour un temps indéfini, moyennant le sacrifice du cinquième de mon revenu ; car il n'est pas vraisemblable que le gouvernement veuille ou puisse de si tôt faire, au taux de 133 fr. 33 cent., un remboursement qu'il serait autorisé à effectuer en ce moment pour cent francs.

Je conserverai, en outre, la faculté de profiter de la hausse présumable du cours de cette nouvelle espèce d'effets publics.

En résultat, l'état offre au propriétaire des cinq pour cent consolidés, de se reconnaître débiteur envers lui d'un capital augmenté du tiers en sus de celui qu'il doit actuellement. Et, pour prix de cette augmentation, l'état ne reçoit aucune valeur, il n'exige de la part du rentier que la diminution d'un pour cent de l'intérêt annuel qu'il payait. Quel empressement ne mettrait-on pas à accepter une offre semblable faite par un particulier dont la solvabilité et la moralité seraient à l'abri de toute atteinte? Eh bien ! c'est le gouvernement qui la fait; il est impossible de trouver un débiteur qui présente des garanties plus solides.

En acceptant sa proposition, j'augmenterai d'un tiers, et sans bourse délier, le capital de ma rente. Mon revenu sera, à la vérité, diminué d'un cinquième; mais je considèrerai cette réduction comme une économie ou un prélèvement que je ferais, dans la vue de placer annuellement ce cinquième de manière à accroître ma fortune en capital; et je dois reconnaître que ce mode d'emploi de mes fonds sera un jour infiniment plus profitable et plus certain pour moi, que tous ceux que présentent les tontines, associations ou compagnies financières, dont la valeur des actions est toujours proportionnée au prix des rentes dues par l'état.

Enfin il est possible que, dans l'avenir, je sois disposé à tenter la fortune, en agiotant sur les rentes; celle que j'aurai acquise par l'effet de la conversion de mes cinq pour cent en trois pour cent, deviendra dans mes mains un premier moyen d'agio. La raison me prescrit néanmoins de ne jamais me livrer à ce genre d'opérations qui finissent presque toujours par la ruine et le désespoir des imprudens qui se les permettent.

Voyons maintenant les formalités que je dois remplir pour exécuter ma détermination et me procurer promptement le titre de la nouvelle rente que je veux obtenir.

. Les articles 1, 2 et 5 de l'ordonnance du Roi du 1er. mai 1825, rendue pour l'exécution de la loi, indiquent en détail ce qu'il faut faire dans chacun des deux cas de demandes des conversions des rentes cinq pour cent en quatre et demi, ou en trois pour cent. Je vais m'y conformer.

Voici mon inscription cinq pour cent consolidés.

Rédigeons et signons ma demande de conversion dans la forme indiquée par le modèle n°. 3, annexé à l'ordonnance du Roi. Faisons certifier ma signature par M. le maire de la commune que j'habite, et empressons-nous de déposer ces deux pièces dans les bureaux du trésor royal, chargés de les recevoir *à compter du 6 mai* 1825; j'en obtiendrai l'échange immédiat contre une nouvelle inscription. (Art. 1 et 2 de l'ordonnance du Roi.)

Je demanderai, lors du dépôt, que, conformément à l'article 5 de la même ordonnance, mon inscription de cinq pour cent consolidés soit timbrée des mots : *convertis en trois pour cent*, afin qu'elle me tienne lieu d'un nouveau titre, soit pour la perception de la rente, soit pour en opérer le transfert, si je me décidais à la vendre avant d'avoir reçu ce titre que j'aurai soin de faire échanger contre mon inscription actuelle avant le 22 décembre 1825. (Article 5 de l'ordonnance du Roi, 2e. §.)

L'intérêt des cinq pour cent consolidés devant m'être payé jusqu'au 22 décembre 1825, (article 4 de la loi du 1er. mai 1825), je ne négligerai pas de réclamer auprès du ministère la délivrance des décomptes et certificats dont la remise est prescrite par les articles 3 et 4 de l'ordonnance du Roi, pour m'assurer la jouissance de mes cinq pour cent jusqu'au 22 septembre 1825.

Je pourrais m'éviter tous ces soins et démarches, en les confiant à un fondé de procuration auquel je donnerais un pouvoir spécial pour requérir la conversion (article 2 de l'ordonnance du Roi); mais il vaut mieux faire ses affaires soi-même lorsqu'on le peut.

A dater du 22 juin 1825, je ne jouirai plus que du montant de la rente qui sera énoncée dans ma nouvelle inscription, et j'en toucherai moitié le 22 décembre 1825, et l'autre moitié le 22 juin 1826; il en sera de même à l'expiration de chaque semestre suivant.

J'éprouverai donc, à compter du 22 décembre 1825, une diminution du cinquième dans le produit de ma rente; mais cette réduction de la dette annuelle de l'état envers moi, contribuera à celle des contributions directes imposées chaque année, et dont je supporte ma part. (Article 5 de la loi du 1er. mai 1825.) Je retrouverai, de cette manière, une petite indemnité de la perte que je me décide à subir sur mon revenu, et j'aurai facilité au Gouvernement la diminution des impôts.

LOI

Sur la Dette publique et l'Amortissement.

A Paris, le 1er. mai 1825.

CHARLES, par la grâce de Dieu, Roi de France et de Navarre, à tous présens et à venir, salut.

Nous avons proposé, les Chambres ont adopté, Nous avons ordonné et ordonnons ce qui suit :

Art. 1er. Les rentes acquises par la Caisse d'amortissement, depuis son établissement jusqu'au 22 juin 1825, ne pourront être annulées ni distraites de leur affectation au rachat de la dette publique, avant le 22 juin 1830.

2. Les rentes qui seront acquises par la Caisse d'amortissement, à dater du 22 juin 1825 jusqu'au 22 juin 1830, seront rayées du grand-livre de la dette publique au fur et à mesure de leur rachat, et annulées au profit de l'État, ainsi que les coupons d'intérêt qui y seront attachés au moment où elles seront acquises.

3. A dater de la publication de la présente loi, les sommes affectées à l'amortissement ne pourront plus être employées au rachat des fonds publics dont le cours serait supérieur au pair.

Les rachats que fera la Caisse d'amortissement n'auront lieu qu'avec concurrence et publicité.

4. Les propriétaires d'inscriptions de rentes cinq pour cent sur l'État auront, durant trois mois, à dater du jour de la publication de la présente loi, la faculté d'en requérir du ministre des finances la conversion en inscriptions de rentes trois pour cent au taux de soixante-quinze francs; et à dater du même jour de la publication de la loi, jusqu'au 22 septembre 1825, la faculté de requérir cette conversion en quatre et demi pour cent au pair, avec garantie contre le remboursement jusqu'au 22 septembre 1835.

Les rentes ainsi converties continueront à jouir des intérêts à cinq pour cent jusqu'au 22 décembre 1825.

5. Les sommes provenant de la diminution des intérêts de la dette, par suite des conversions autorisées par l'article précédent, seront appliquées à réduire, dès l'année 1826, d'un nombre de centimes additionnels correspondant, les contributions foncière, personnelle, mobilière et des portes et fenêtres.

A cet effet, l'état du produit annuel de la diminution de ces intérêts sera dressé par le ministre des finances, le 1er. octobre 1825, et servira de base aux dispositions de l'ordonnance royale qui réalisera, sur les rôles de 1826, le dégrèvement accordé par la présente loi.

La présente loi, discutée, délibérée et adoptée par la Chambre des Pairs et par celle des Députés, et sanctionnée par nous ce jourd'hui, sera exécutée comme loi de l'État; voulons, en conséquence, qu'elle soit gardée et observée dans tout notre royaume, terres et pays de notre obéissance.

Si donnons en mandement à nos Cours et Tribunaux, Préfets, Corps administratifs et tous autres, que les présentes ils gardent et maintiennent, fassent garder, observer et maintenir, et, pour les rendre plus notoires à tous nos sujets, il les fassent publier et enregistrer partout où besoin sera : car tel est notre plaisir; et, afin que ce soit chose ferme et stable à toujours, nous y avons fait mettre notre scel.

Donné à Paris, en notre château des Tuileries, le 1er. jour du mois de mai de l'an de grâce 1825, et de notre règne le premier.

Signé CHARLES.

Par le Roi:

Le Ministre et Secrétaire d'État au département des finances,

Signé Ju. de Villèle.

Vu et scellé du grand sceau :

Le Garde-des-Sceaux de France, Ministre et Secrétaire d'État au département de la justice,

Signé Comte de Peyronnet.

ORDONNANCE DU ROI

Concernant le mode à suivre pour la conversion des rentes cinq pour cent consolidés en inscriptions de rentes trois pour cent ou quatre et demi pour cent, au taux fixé par la loi du 1er. mai 1825.

Au château des Tuileries, le 1er. mai 1825.

CHARLES, par la grâce de Dieu, Roi de France et de Navarre,

Vu l'article 4 de la loi du 1er. mai 1825, qui donne aux propriétaires de rentes cinq pour cent consolidés, la faculté d'en requérir la conversion en inscriptions de rentes trois pour cent au taux de 75 fr. ou de quatre et demi pour cent au pair, avec garantie contre le remboursement jusqu'au 22 septembre 1835;

Voulant régler le mode d'après lequel les propriétaires actuels d'inscriptions de cinq pour cent consolidés, pourront user de cette faculté;

Sur le rapport de notre ministre secrétaire d'État des finances,

Nous avons ordonné et ordonnons ce qui suit:

Art. 1er. Les propriétaires de rentes cinq pour cent consolidés qui voudront les convertir en trois ou en quatre et demi pour cent, aux conditions exprimées dans la loi du 1er. mai 1825, seront admis à déposer leurs extraits d'inscriptions à notre Trésor royal, à compter du 6 mai courant, et à en obtenir l'échange immédiat contre de nouveaux titres conformes aux modèles ci-annexés, nos. 1er. et 2, après transfert de la nouvelle rente au livre des trois ou des quatre et demi pour cent.

2. Les extraits d'inscriptions déposés pour cette conversion seront accompagnés d'une demande dans la forme du modèle ci-annexé, no. 3, et revêtue de la signature dûment certifiée du propriétaire de la rente, ou d'un fondé de procuration, laquelle sera spéciale pour la conversion, ou contiendra pouvoir de vendre.

3. Les inscriptions de trois pour cent provenant de conversion, porteront jouissance du 22 juin 1825 ; il sera remis aux propriétaires un certificat d'arrérages, tant pour les 3 mois courus du 22 mars au 21 juin 1825, que pour la portion d'intérêts payables à raison de cinq pour cent jusqu'au 22 décembre prochain, conformément au dernier paragraphe de l'art. 4 de la loi.

Le montant de ce certificat sera acquitté au 22 juin 1825, pour les conversions opérées antérieurement à cette époque, et pour les autres au moment de l'échange des titres.

Les arrérages des rentes converties en quatre et demi pour cent continueront d'être payables aux échéances des 22 mars et 22 septembre de chaque année.

4. Les nouveaux livres des trois et des quatre et demi pour cent ne devant, conformément aux règles prescrites pour la tenue des écritures de la dette inscrite, contenir aucune fraction de franc, celles qui pourront résulter de la réduction de l'intérêt dans les nouvelles inscriptions, seront remboursées au moment de l'échange des titres, et formeront un article additionnel au certificat d'arrérages énoncé dans l'article précédent.

5. Les extraits d'inscriptions déposés pourront, sur la demande des parties, être timbrés des mots *convertis en trois ou en quatre et demi pour cent*, et leur tenir lieu de nouveaux titres, soit pour la perception du dividende, soit pour opérer le transfert.

Les extraits d'inscription ainsi timbrés devront être rapportés à notre Trésor royal, pour être échangés définitivement avant le 22 décembre prochain.

6. Conformément aux dispositions de l'art. 4 de la loi du 1er. mai 1825, les demandes pour conversion seront reçues, savoir : en trois pour cent jusqu'au 5 août prochain inclusivement, et en quatre et demi pour cent jusqu'au 22 septembre suivant. Le résultat de ces demandes, quant à la quotité des conversions soit en trois, soit en quatre et demi, sera constaté par procès-verbal, et rendu

public dans les 24 heures de l'expiration de chacun des délais ci-dessus indiqués.

7. Les propriétaires d'inscriptions cinq pour cent, qui ne demanderont pas la conversion, soit en trois, soit en quatre et demi pour cent, conserveront, sans qu'il y ait de leur part aucune formalité nouvelle à remplir, la jouissance des intérêts actuels et la faculté de transférer, le tout dans les mêmes formes et aux mêmes échéances que par le passé.

\8. Notre ministre secrétaire d'état des finances est chargé de l'exécution de la présente ordonnance, qui sera insérée au Bulletin des lois.

Donné au château des Tuileries, le 1ᵉʳ. jour du mois de mai de l'an de grâce 1825, et de notre règne le premier.

Signé CHARLES.

Par le Roi :

Le Ministre Secrétaire d'État des finances,

Signé Jʜ. ᴅᴇ Vɪʟʟèʟᴇ.

DETTE PUBLIQUE.

TROIS POUR CENT.

EXTRAIT D'INSCRIPTION AU GRAND - LIVRE
DES TROIS POUR CENT.

Série   N°.

Capital   Rente

Je soussigné directeur de la dette inscrite, certifie que
M.
est inscrit sur le grand-livre des trois pour cent pour une
rente annuelle de

avec jouissance des arrérages à compter du { 22 juin.
22 décembre.

Paris, le   182

Vu et vérifié: Pour le directeur de la dette inscrite :
L'agent comptable des mutations   *Le chef de la section du grand-livre.*
et transferts.

Vu pour être annexé à l'ordonnance du Roi en date du 1er. mai 1825.
Le ministre secrétaire d'état des finances,
Signé JH. DE VILLÈLE.

TRÉSOR ROYAL.

QUATRE ET DEMI POUR CENT
non remboursables avant le 22 septembre 1835.

Extrait d'inscription au Grand-Livre des quatre et demi pour cent

Série   N°.

Capital   Rente

Je soussigné, directeur de la dette inscrite, certifie que M

est inscrit sur le grand-livre des *quatre et demi pour cent* pour une
rente annuelle de

avec jouissance des arrérages à compter du { 22 mars.
22 septembre.

Paris, le   182

Vu et vérifié :   Pour le directeur de la dette inscrite :
L'agent comptable des mutations   *Le chef de la section du grand-livre.*
et transferts.

Vu pour être annexé à l'ordonnance du Roi en
date du 1er. mai 1825.
Le ministre secrétaire d'état des finances,
Signé JH. DE VILLÈLE.

DETTE INSCRITE.

No.

Modèle no. 3.

LOI DU 1er. MAI 1825.

DEMANDE

de conversion en { trois pour cent.
{ quatre et demi pour cent.

M

requiert la conversion en { trois pour cent.
{ quatre et demi pour cent,
aux conditions exprimées dans la loi du 1er. mai 1825,
des rentes cinq pour cent énoncées au bordereau ci-
après :

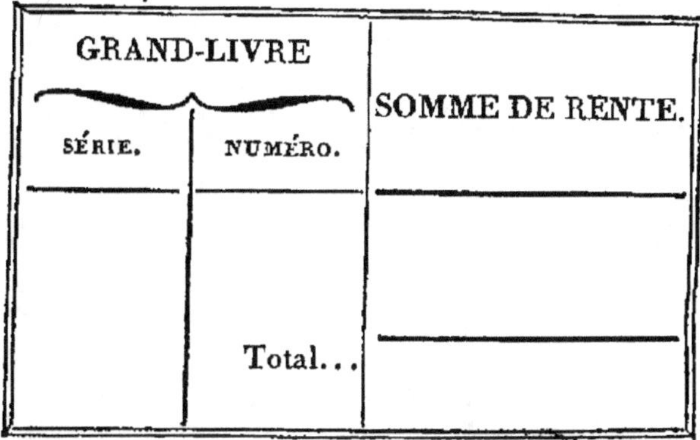

GRAND-LIVRE		SOMME DE RENTE.
SÉRIE.	NUMÉRO.	
	Total...	

Paris, le   1825.

Certifiée véritable la signature
ci-contre comme étant celle du
propriétaire des inscriptions
énoncées au bordereau ci-
dessus.

Vu pour être annexé à
l'ordonnance du Roi en
date du 1er. mai 1825.

Le ministre secrétaire d'état des finances,
Signé JH. DE VILLÈLE.